Inhalt

Brutkastenprinzip - Konzerne züchten sich mithilfe von Inkubatoren innovativen Nachwuchs heran

Kernthesen

Beitrag

Fallbeispiele

Weiterführende Literatur

Impressum

Brutkastenprinzip - Konzerne züchten sich mithilfe von Inkubatoren innovativen Nachwuchs heran

Harald Reil

Kernthesen

- Aufgrund der rasanten technologischen Entwicklungen laufen erfolgreiche Unternehmen Gefahr, wieder genauso schnell in die Bedeutungslosigkeit zu versinken, wie sie aufgestiegen sind.
- Die strategische Förderung von Start-ups in sogenannten Inkubatoren könnte ein

Gegenmittel gegen das Erlahmen der eigenen Innovationskraft sein.
- Einige Konzerne wie die Deutsche Telekom betreiben mittlerweile schon regelrechte Brutfarmen, um von den frischen Ideen junger Nachwuchsunternehmer zu profitieren.
- Ins Große gedacht, kommt das Inkubatorenprinzip ganzen Volkswirtschaften zugute. Wie so etwas funktionieren kann, zeigt das Startzentrum Zürich.

Beitrag

Wer stillsteht, fällt zurück ...

... scheint das Motto einiger Großunternehmen zu sein, die sich mithilfe der Förderung von Start-ups frisches Blut einpumpen wollen. Prosaischer: In so genannten Inkubatoren ziehen sich etablierte Firmen innovativen Nachwuchs heran, um von dessen Ideen zu profitieren und mit dem hyperrasanten Tempo der Veränderung Schritt zu halten. Dieser strategische Schachzug ist notwendig, zeigt doch das warnende Beispiel von Großkonzernen wie Nokia, Microsoft oder Yahoo!, dass starkes Wachstum unbeweglich machen kann. Im schlimmsten Fall droht sogar der Absturz in die Bedeutungslosigkeit. Inkubatoren erfüllen aber noch einen weiteren Zweck: Neben der Anschubfinanzierung frischer Ideen, die dem eigenen Geschäft zugutekommen sollen, hilft die Bündnisschmiede auch dabei, sich potenziell unliebsame Konkurrenz einzuverleiben. (1), (2), (6), (7), (8)

Brutfarmen für neue Ideen

Wie wichtig einige Unternehmen dieses Inkubatorenprinzip mittlerweile schon nehmen, zeigen die Beispiele von Telekommunikationskonzernen wie die Deutsche Telekom und die O2 Telefónica. Sie betreiben regelrechte Brutfarmen, mit deren Hilfe sie auf der Höhe der Zeit bleiben wollen. Der Leitgedanke ist dabei, dass Neuerungen wahrscheinlicher von außen kommen als von innerhalb des Unternehmens. Außerdem steigert das Inkubatorenengagement die eigene Reputation und ist noch dazu zumindest potenziell lukrativ, da sich die etablierten Firmen Minderheitsbeteiligungen an den Start-ups sichern. (1), (2)

Inkubatorenprinzip für

Volkswirtschaften

Konsequent umgesetzt, können aber nicht nur Unternehmen, sondern ganze Volkswirtschaften von dem Inkubatorenprinzip profitieren. Voraussetzung dafür ist eine groß angelegte Strategie, wie sie zum Beispiel das Startzentrum Zürich seit 1999 mustergültig vorexerziert. 2010 hat die Anlaufstelle für Start-ups mit startfinance.ch außerdem eine internetbasierte Info- und Kapitalvermittlungsplattform eingerichtet, die ab diesem Jahr ein Crowdsourcingspezialist fortführen wird. Die Erfolge können sich aber jetzt schon sehen lassen. Seit der Gründung von startfinance.ch vor drei Jahren haben sich rund 200 Investoren für die Ideen von um die 250 Start-up-Unternehmen interessiert. Für den Frühherbst 2013 hat das Startzentrum Zürich außerdem zum ersten Mal eine Startupfair organisiert, die größte Messe ihrer Art in der Schweiz.

Das Startzentrum Zürich wurde eigens zu dem Zweck ins Leben gerufen, jungen Unternehmen bei ihren ersten Schritten im Wirtschaftsleben unter die Arme zu greifen. Business-Consultants mit einer speziell für die Start-ups entwickelten Coachingmethode stehen ihnen mit Rat und Tat zur Seite. In einem Inkubator mit bester Infrastruktur arbeiten über zwei Dutzend neue Unternehmen an der erfolgreichen Verwirklichung ihrer Geschäftsideen. Starken

Rückhalt geben dabei nicht nur die Stadt und das Kanton Zürich, die Handelskammer der Landeshauptstadt sowie der städtische und kantonale Gewerbeverband, sondern auch renommierte Unternehmen wie die Credit Suisse oder die Swiss Re, um nur einige zu nennen. Bisher hat das Gründerzentrum über 170 neuen Unternehmen Starthilfe gegeben; diese wiederum haben mehr als 400 Arbeitsplätze geschaffen.

Wie ernsthaft die Schweiz die Förderung von Start-up-Firmen mittlerweile betreibt, zeigt auch die Tatsache, dass verschiedene Städte des Landes im jährlichen Turnus Startupdays ausrichten. Im November dieses Jahres konnten sich Jungunternehmer in Zürich, Bern, Basel, St. Gallen, Schwyz und Chur bei etablierten Unternehmen darüber informieren, was für einen gelungenen Geschäftsbeginn notwendig ist. (3), (4), (5)

Trends

Auf der Höhe der Zeit

Inkubatoren werden in der Überlebensstrategie von Unternehmen eine zunehmend wichtige Rolle spielen. Ein Wunder ist das nicht, gab es doch in der jüngsten

Vergangenheit genügend Warnschüsse in Form von Beispielen erfolgreicher Konzerne, die aufgrund ihrer schieren Größe ins Straucheln geraten sind. Firmen, die den Aufbau von Start-ups strategisch betreiben, profitieren dagegen von neuen Ideen, können rascher auf Veränderungen reagieren und bleiben so up-to-date. (1), (2), (6), (7), (8)

Klotzen statt kleckern

Dasselbe gilt für Volkswirtschaften, wenn sie auch in Zukunft prosperieren wollen. Es ist daher ein naheliegender Gedanke, ähnlich wie die Schweiz das Inkubatorenprinzip in großem Stil zu betreiben, und zwar frei nach dem Motto "klotzen statt kleckern". (3), (4), (5)

Fallbeispiele

Von den Besten lernen

Rewe hat sich bei dem Online-Möbelspezialisten Home24 eingekauft. Der Einzelhändler hatte bereits im Frühling dieses Jahres angekündigt, dass er sich vermehrt um den Internethandel kümmern und aus diesem Grund auch Start-ups fördern wolle. Das

Engagement bei Home24 gehört laut Aussage von Rewe zu der Strategie, von den Besten lernen zu wollen. (6)

Frühzeitig binden statt später bereuen

Immobilienscout24 hat seinen Inkubator vor drei Jahren gegründet. Mittlerweile fördert das Online-Unternehmen über zwei Dutzend vielversprechende Start-ups. Aus den Zielen der Förderung macht der Immobilienspezialist keinen Hehl. Einerseits will er sich mit Hilfe von neuen Ideen weiterentwickeln, andererseits mögliche Widersacher rechtzeitig erkennen und ans eigene Unternehmen binden, statt sich von ihnen bedrohen und später vielleicht sogar überrollen zu lassen. (7)

Deutsche Telekom richtet "Innovation Arena" ein

Die Deutsche Telekom hat vergangenes Jahr in Berlin eine "Innovation Arena" eingerichtet, in der Jungunternehmer Unterstützung für einen erfolgreichen Start ins Wirtschaftsleben erhalten. Im sogenannten Accelerator fördert der Konzern Firmen, die noch ganz am Anfang ihres Weges stehen, im Hubraum bekommen Start-ups Hilfe, die schon ein Produkt vorweisen können. Ihnen stehen 40 Mentoren als Ansprechpartner zur Verfügung; Projekte mit Potenzial dürfen mit einer Finanzspritze von bis zu 300 000 Euro rechnen. Das konzerneigene Entwicklungsprogramm für Jungunternehmer ist auf 22 Monate angelegt. Mittlerweile haben es schon über 20 Start-ups absolviert. [(1)](#), [(2)](#)

Eine Ideenschmiede namens Wayra

Ähnlich wie die Deutsche Telekom hat auch O2 Telefónica einen Inkubator eingerichtet, in dem Investoren Start-ups bei der Verwirklichung ihrer Ideen helfen können. Zurzeit unterstützt der Wayra genannte Ideenbrutkasten rund 300 Unternehmen rund um den Globus in einer ihrer 14 Akademien mit einer Anschubfinanzierung von je 40 000 Euro, einem sechsmonatigem Ausbildungsprogramm, der Bereitstellung ihrer Infrastruktur und einem ausgedehnten Netzwerk. Wie die Telekom, hält auch die Telefónica eine jeweils zehnprozentige Minderheitsbeteiligung an den jungen innovativen Unternehmen. [(2)](#)

Weiterführende Literatur

(1) Deutsche Telekom sucht in Berlin die Zukunft
aus Berliner Morgenpost, 29.11.2013, Nr. 326, S. 7

(2) Serie
aus Der Kontakter Nr. 46 vom 14.11.2013, S. 20

(3) c-crowd übernimmt startfinance.ch von Startzentrum Zürich Genossenschaft
aus ots news schweiz - Wirtschaft vom 17.9.2013

(4) Die Startupfair übertrifft alle Erwartungen (Video/Dokument)
aus ots news schweiz - Inland vom 20.9.2013

(5) Startupdays 2013: Unternehmer teilen ihr Erfolgsgeheimnis (BILD/DOKUMENT)
aus ots news schweiz - Wirtschaft vom 6.11.2013

(6) Rewe steigt bei Home24 ein
aus Lebensmittel Zeitung 38 vom 20.09.2013 Seite 008

(7) Umarmen statt gefressen werden // Immobilienscout24 fördert Start-ups - und bekommt Besuch von Wirtschaftssenatorin Yzer
aus Der Tagesspiegel Nr. 21857 VOM 02.11.2013 SEITE 011

(8) Selektionsdruck - Darwins Evolutionstheorie gilt auch im hoch technologisierten Habitat der Wirtschaft

aus GENIOS WirtschaftsWissen Nr. 10 vom 14.10.2013

Impressum

Brutkastenprinzip - Konzerne züchten sich mithilfe von Inkubatoren innovativen Nachwuchs heran

Bibliografische Information der deutschen Nationalbibliothek

Die Deutsche Nationalbibliothek verzeichnet diese Publikation in der deutschen Nationalbibliografie; detaillierte bibliografische Daten sind im Internet über http://dnb.d-nb.de abrufbar.

ISBN: 978-3-7379-1306-5

© 2015 GBI-Genios Deutsche Wirtschaftsdatenbank GmbH, Freischützstraße 96, 81927 München, www.genios.de

Alle Rechte vorbehalten. Dieses Werk ist einschließlich aller seiner Teile – z.B. Texte, Tabellen und Grafiken - urheberrechtlich geschützt. Jede Verwertung außerhalb der Grenzen des Urheberrechtsgesetzes bedarf der vorherigen Zustimmung des Verlags. Dies gilt insbesondere auch für auszugsweise Nachdrucke, fotomechanische Vervielfältigungen (Fotokopie/Mikroskopie), Übersetzungen, Auswertungen durch Datenbanken oder ähnliche Einrichtungen und die Einspeicherung und Verarbeitung in elektronischen Systemen.